E. AIDANS • Y. DUVAL
LES FRANVAL

RAPT A TOKYO
UNE HISTOIRE DU JOURNAL TINTIN

LES EDITIONS DU LOMBARD
1-11, avenue Paul-Henri Spaak • 1070-Bruxelles

Copyright 1983 by Editions du Lombard, Bruxelles
Tous droits de reproduction, de traduction
et d'adaptation réservés pour tous pays,
y compris l'U.R.S.S.
D 1983.0086.1594

Dépôt légal: Mai 1983
ISBN 2-8036-0398-5

Imprimé en Belgique par Proost sprl.

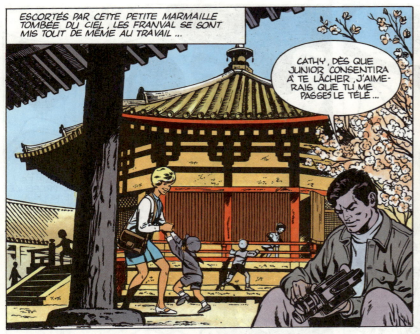

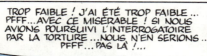

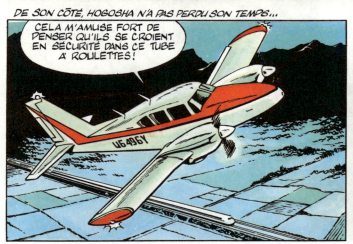

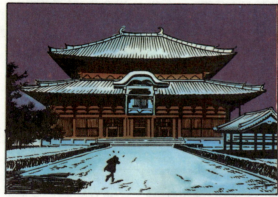

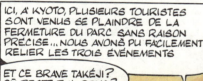

PRINTED IN BELGIUM BY
proost
INTERNATIONAL BOOK PRODUCTION